평범한 우리 어린이들을 다음 세대
위인으로 만들어 줄 교과서 위인 이야기!
효리원의 교과서 위인 이야기는 초등학교
교과 과정에 나오는 국내외 위인들을, 우리나라
최고 아동 문학가 53인이 재미있게 동화로 구성했습니다.
지혜와 용기로 위대한 삶을 산 위인들의 이야기는,
어린이들의 마음속에 '나도 할 수 있다.'는
희망의 씨앗을 심어 줄 것입니다!

10만 양병설을 주장한
조선 시대 천재 학자
이 이

이지현 글 / 장인한 그림

 효리원
hyoreewon.com

인간은 모방을 통해 성장해 나갑니다. 그렇기 때문에 우리는 자라나는 어린이들에게 바람직한 인간상을 제시하려고 합니다. 아이들로 하여금 되고 싶고 닮고 싶은 위인들의 이야기가 실감 나게 씌어진 책을 찾아 읽도록 하는 가장 큰 까닭이 바로 그것이겠지요.

이 책에는 율곡 이이의 일대기가 담겨 있습니다.

그는 매우 비범한 인물이었습니다. 남다른 부모 밑에서 헌신적인 보살핌을 받으며 최상의 교육을 받았지요.

'꼬마 천재 시인'이라는 별명을 얻었던 그는 열세 살의 나이에 진사 초시를 시작으로, 일생 동안 모두 아홉 번이나 장원 급제를 했습니다.

그렇지만 어린이들에게, 위인의 남다르고 뛰어난 점만을 지나치게 강조하면 안 됩니다. 자칫 위화감을 주거나 열등감을 심어 줄 수도 있기 때문입니다. 세상에는 뛰어난 인물만 존재하는 것은 아닙니다. 그러므로 겉으로 드러난 위인의 성과와 업적보다는 그것을 이루기 위해 쏟은 노력에 초점을 맞추어 아이들과 이야기를 나누는 것이 좋습니다.

아홉 번이나 장원 급제를 했던 이이가 그와 같은 결과를 얻기까지 겪은 어려움은 무엇이며, 또 어떠한 노력을 기울였을까요?

다시 말하면 이런 질문을 함으로써 탐구하는 자세에 대한 해답을 이끌어 낼 수 있다는 것입니다.

이이는 스스로 문제를 해결하려고 했습니다. 그래서 금강산으로 들어가 손수 불경을 공부하기도 했습니다.

또 「자경문」이라는 글을 지어 책상 앞에 붙여 놓고 언제나 자신을 돌아보며 반성했습니다. 이런 자세가 이이라는 큰 인물을 만들어 낸 것입니다.

이와 같은 데 초점을 맞추어 아이들과 이야기를 나누어 보시기 바랍니다. 본받을 점이 많은 위인들의 행동은 아이들에게 바른 가치관을 심어 주니까요.

조선 시대의 문신이며 대학자인 이이는 1536년에 태어났습니다. 그런데 500년 가까운 세월이 지난 오늘날까지도 그 이름이 전해 옵니다. 그만큼 그가 남긴 업적이 크기 때문입니다.

이이는 나라와 백성을 위해 큰일을 했습니다. 또 학문을 연구하며 제자들을 가르쳤습니다. 그리고 책도 썼습니다.

이렇게 훌륭한 일을 많이 한 이이는 어려서부터 책 읽기를 아주 좋아했습니다. 책을 읽으며 거기에 나오는 위인들의 행동을 본받아야겠다고 생각했습니다. 그러다 보니 공부도 열심히 하게 되었던 것이지요.

어린이 여러분도 이이의 이런 행동을 본받아 훌륭한 사람이 되었으면 좋겠습니다.

글쓴이 이지현

차 례

용꿈을 꾸고 낳은 아이

조선 시대의 문신이며 대학자인 이이는 1536년 12월 26일, 강원도 강릉에서 태어났습니다. 그의 어머니 신사임당은 유명한 화가였습니다. 또 시도 아주 잘 지었습니다.

이이를 낳기 얼마 전, 사임당은 검은 용 한 마리가 자신의 방으로 날아 들어오는 꿈을 꾸었습니다. 목에 금테를 두른 그용은 이글거리는 눈으로 사임당을 바라보더니 품 안으로 와락, 날아들었습니다.

"용꿈을 꾸면 좋다는데, 우리 아기가 비범한 인물이 되려나

서울 사직 공원에 있는 조선 시대 대학자 이이 동상

……?"

깜짝 놀라며 잠에서 깨어난 사임당은 부른 배를 쓰다듬으며 중얼거렸습니다.

그렇게 태어난 아이가 바로 이이입니다.

그래서 이이의 어린 시절 이름은 '검은 용'을 뜻하는 '현룡'이었습니다. 강릉에 있는 오죽헌에 가면 이이가 태어났던 방이 지금까지 남아 있는데, 그 방의 이름이 '몽룡실'입니다. 용꿈을 꾸었던 방이라는 뜻이지요.

이이는 어려서부터 재주가 아주 뛰어났습니다.

사임당은 이이가 네 살이 되자 서당에 보냈습니다.

형들을 따라 서당으로 간 이이는 의젓하게 글을 배우기 시작했습니다. 글을 깨우치는 속도가 어찌나 빠른지, 훈장 선생님까지 혀를 내두를 정도였습니다.

어느 날, 이이는 외할머니를 위해 시를 한 수 지었습니다.

홍피낭리 쇄홍주

"아가, 그게 무슨 뜻이냐?"

외할머니가 묻자 이이는 '붉은 주머니에 붉은 구슬이 부서져 있다는 뜻이에요.'라고 대답했습니다.

"붉은 구슬이라니, 어디에 붉은 구슬이 있다는 게냐?"

외할머니는 놀라움을 감추며 물었습니다.

"저기요. 보세요, 할머니. 석류 속의 반짝이는 열매가 마치 붉은 구슬처럼 보이잖아요."

이이는 마당에 서 있는 석류나무를 가리켰습니다. 벌어진

껍질 사이로 붉은 석류알이 보였습니다.

'다섯 살짜리 아이가 이런 시를 짓다니…….'

외할머니는 이이가 대견스러워 꼭 껴안아 주었습니다.

이이가 여덟 살 때, 아버지의 고향인 파주에 따라갔다가 그곳 경치를 보고 또 시를 한 수 지었습니다.

그런 일들이 알려지면서 이이는 '꼬마 천재 시인'이라는 별명을 얻게 되었습니다.

열 살 때에는 경포대의 아름다움을 보고 「경포대부」라는 글을 썼습니다.

그런가 하면 그림에도 남다른 소질을 보여, 책을 읽고 감명받은 대목을 그림으로 나타내기도 했습니다.

이처럼 뛰어난 재능을 지닌 이이는 효심 또한 지극했습니다. 다섯 살 무렵의 일이었습니다.

홀어머니를 모시며 다섯이나 되는 자식들 뒷바라지하랴, 집안 살림을 돌보랴, 눈코 뜰 새 없이 지내던 신사임당이 그만 몸져 눕고 말았습니다.

"이 일을 어쩌면 좋으냐? 어미가 어서 자리를 털고 일어나야 할 텐데……."

외할머니가 좋다는 약은 모두 구해다 먹였지만 사임당의 병세는 나아지지 않았습니다.

그러던 어느 날이었습니다. 이이의 모습이 보이지 않았습니다. 놀란 가족들이 이이를 찾아 나섰습니다. 그런데 사당 쪽에서 중얼거리는 소리가 들려왔습니다.

설마 저곳에 현룡이 있으랴, 생각하면서도 외할머니는 사당 문을 열어 보았습니다.

그런데 어두컴컴한 사당 안에 이이가 무릎을 꿇고 앉아 있는 것이었습니다.

"아니, 여기서 뭐 하는 게냐?"

외할머니가 묻자 이이는 이렇게 대답했습니다.

"어머니의 병을 낫게 해 달라고 외할아버지께 빌고 있었어요. 제 소원을 들어주시기 전에는 절대 밖으로 나가지 않을 거예요."

"그렇게도 어미가 걱정이 되더냐?"

가슴이 뭉클해진 외할머니가 묻자, 이이는 잠자코 고개를 끄덕였습니다.

19

외할머니는 이이를 안고 밖으로 나왔습니다.

이이의 효심 덕분인지, 사임당은 며칠 뒤 자리를 털고 일어났습니다.

열한 살 때도 이와 같은 일이 한 번 더 있었습니다.

그때는 아버지인 이원수가 시름시름 앓았습니다.

그런 아버지를 위해 이이는 손가락을 벤 다음 자기 피를 아버지의 입에 흘려 넣었습니다. 그러고는 사당으로 가서 조상들에게 기도를 했습니다.

그 시각, 이원수는 꿈을 꾸고 있었습니다.

머리가 허연 노인이 느닷없이 이원수 앞에 나타나더니 현룡이라는 아이 이름을 '이'로 바꾸라는 것이었습니다.

"현룡이라는 이름은 용꿈을 꾸고서 지은 이

름입니다. 그런데 왜 이름을 바꾸어야 하는지요?"

이원수가 물었습니다.

그러자 노인이 말했습니다.

"그 아이는 장차 귀한 사람이 될 것이니라. 귀고리를 뜻하는 이(珥)로 이름을 바꾸어라."

잠에서 깨어난 이원수는 아내인 사임당에게 꿈 이야기를 들려주었습니다.

"꿈의 내용이 예사롭지 않습니다. 그러니 오늘부터 '이'라고 부르도록 하시지요."

사임당이 말했습니다.

그때부터 이이는 '현룡'이라는 이름 대신 '이'라는 이름을 쓰게 되었습니다.

사당으로 들어간 이이는 다음 날 아침이 되어서야 밖으로 나왔습니다. 밤을 꼬박 새우며 기도를 한 것이었습니다.

그런 이이의 정성이 통한 것일까요? 이원수는 차츰 기운을 차리기 시작했습니다.

이렇게 효심이 지극한 이이는 열세 살 때, 아버지를 기쁘게 해 드리려고 과거 시험을 보러 나갔습니다.

이이는 나이 많은 선비들을 모두 물리치고 당당히 장원 급제를 했습니다.

"허허, 이렇게 기쁜 일이 있나. 우리 집에 열세 살짜리 진사가 났네그려!"

이원수는 몹시 기뻐하며 잔치를 열었습니다.

이이는 평생 동안 과거 시험에서 아홉 번이나 장원 급제를 했습니다. 그래서 '구도 장원'이라는 별명이 붙게 되었습니다.

금강산에
들어가다

열여섯 살이 되던 해에 이이는 그만 사랑하는 어머니를 잃고 말았습니다.

"어머니! 어머니!"

이이는 슬픔을 이기지 못하고 소리 내 울었지만 세상을 떠난 어머니가 살아 돌아올 수는 없었습니다.

이이는 어머니 무덤 옆에 묘막을 짓고 형제들과 3년 동안 시묘(부모의 상 중에 3년간 그 무덤 옆에 움막을 짓고 사는 일)를 살았습니다. 그러면서도 틈틈이 책을 읽으며 어머니를 그리는

마음을 글로 적어 나
갔습니다. 그것이 바
로「신사임당 행장기」
입니다.

이이는 그 글 속에
어머니를 고스란히 되
살려 놓았습니다.

신사임당은 효심이
지극한 딸이었으며 현
명한 아내였습니다.
또한 자상한 어머니였

화석정 | 이이가 벼슬에서 물러나 시를 지으며 시간을 보내던 정자입니다.

으며 뛰어난 예술가이기도 했습니다.

신사임당은 빼어난 솜씨로 그림을 그렸고, 시도 여러 편 지
었습니다. 특히 꽃과 나비, 잠자리, 포도 등을 그렸는데, 마치
살아 움직이는 듯했습니다. 그런가 하면 이이와 형제들에게는
위대한 스승이기도 했습니다.

이이는 어머니에게 『사서삼경』을 배웠으며 세상을 살아가는 교훈을 얻었습니다.

그런 어머니가 돌아가시다니, 믿을 수가 없었습니다.

'사람은 왜 죽게 되는 걸까?'

어머니를 그리워하다가 문득 그런 생각을 하게 된 이이는 유교 경전을 찾아보았습니다. 하지만 해답을 얻을 수가 없었습니다. 불교 경전도 찾아 읽어 보았지만 궁금증은 풀리지 않았습니다.

시묘를 끝내고 집으로 돌아온 이이는 아버지에게 산으로 들어가겠다고 말했습니다.

아버지는 펄쩍 뛰며 반대했습니다. 조선 시대에는 스님을 아주 멸시했기 때문이었습니다.

"승려가 되겠다는 것이 아닙니다. 단지 공부를 하고 싶을 뿐입니다."

이이는 아버지를 설득했습니다.

어렵게 허락을 받은 이이는 봇짐을 싸 들고 금강산으로 들

어갔습니다.

그곳에서 1년 동안 공부를 하던 이이는 깨달음을 얻어 산을 내려왔습니다.

그런데 친구들은 모두 이이가 스님이 된 줄로 알고 있었습니다.

"마침 내일 강릉 관아에서 백일장이 열린다고 하니 참가해서 네가 승려가 되지 않았다는 것을 보여 주도록 해라."

누나인 매창이 말했습니다.

다음 날 아침, 이이는 일부러 빗을 지닌 채 백일장이 열리는 강릉 관아로 갔습니다. 그리고 수많은 사람들이 보는 앞에서 머리를 빗었습니다.

"아니, 저 사람 소문과 달리 중이 되지 않았나 보네그려!"

"그러게. 머리를 깎지 않았는데?"

그제야 사람들은 이이가 스님이 되지 않았다는 것을 믿었습니다.

벼슬길에 나가기 전에 이이는 유명한 글 두 편을 썼습니다. 그 가운데 한 편은 「자경문」으로, 금강산에서 내려오던 해에 썼습니다. 그 내용은 다음과 같습니다.

첫째, 뜻을 크게 가지고 성인의 경지에 이를 때까지 노력하자.

둘째, 마음을 가다듬고 말을 아끼자.

셋째, 마음을 안정시켜 공부에 힘쓰자.

넷째, 혼자 있을 때도 늘 삼가는 태도를 갖자.

다섯째, 모든 악은 혼자 있을 때 삼가지 않는 데서 오는 것이니 스스로 경계심을 갖도록 하자.

여섯째, 새벽에 일어나서는 아침에 할 일을 생각하고, 아침밥을 먹은 뒤에는 낮에 할 일을 생각하고, 잠자리에 들어서는 내일 할 일을 생각하자.

일곱째, 언제나 옳은 일을 하자.

여덟째, 성의를 다해 집안사람들을 감화시키도록 하자. 또 아무리 나쁜 사람이라 할지라도 다그치지 말고 스스로 반성할 기회를 주자.

아홉째, 잘 때나 아플 때가 아니면 눕거나 비스듬히 기대지 말고 늘 맑은 정신을 갖도록 하자.

열째, 서두르지도 말고 늦추지도 말고 늘 한결같이 공부하도록 하자.

이이는 책상 앞에 이 글을 걸어 두고 하루에도 몇 번씩 스스로를 돌아보았습니다.

또 스물여섯 살 때에는 「천도책」이라는 글을 썼는데, 명나라까지 널리 알려졌습니다.

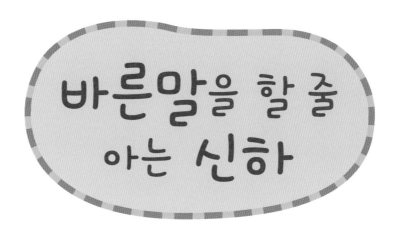

바른말을 할 줄
아는 신하

　어지러운 나라를 바로잡는 데 도움이 되어야겠다고 생각한
이이는 스물아홉 살에 처음으로 벼슬길에 나섰습니다.
　당시의 임금은 명종이었습니다. 명종은 어린 나이에 임금이
되는 바람에 어머니인 문정왕후가 수렴청정(어린 임금을 대신해
왕대비가 나랏일을 돌보는 것)을 했습니다. 그러다 보니 세월이
흐른 뒤에도 임금인 명종보다 문정왕후의 권세가 더 컸습니
다. 특히 왕후의 남동생인 윤원형은 문정왕후의 힘을 믿고 제
마음대로 나랏일을 처리했습니다. 하지만 신하들은 그 누구도

명종에게 잘못을 알려 주지 않았습니다.

이이는 이것을 바로잡아야 한다고 생각했습니다.

그때 마침 보우라는 승려가 문제를 일으켰습니다.

이이는 명종에게 상소문을 올려야겠다고 말했습니다. 그러자 친구들이 말렸습니다.

"윤원형이 어떤 사람인 줄 몰라서 그러는가? 권세를 잡으려고 제 형까지 죽인 인물이 아닌가. 그러다가 괜히 자네 목숨만 날아가네. 참으시게."

"그럴수록 더욱 상감마마께 말씀을 드려야지. 그게 신하된 도리가 아닌가!"

"하지만 우리는 벼슬도 낮고, 사간원(조선 시대에 임금에게 잘못된 일을 고치도록 말하던 관아) 관리도 아니지 않은가. 혹여 그랬다가 왕대비마마의 노여움이라도 사게 되면 어쩌려고 그러는가!"

"일이 이 지경이 되도록 사간원에서 한마디도 못 하고 있으니 나라도 나서겠다는 것 아닌가! 선비가 잘못을 알고도 목숨

이 아까워 바른말을 하지 못한다면 어찌 선비라 할 수 있겠는가."

이이는 뜻을 굽히지 않고 상소문을 적었습니다.

전하, 신 이이 감히 전하께 상소를 올리나이다.

노여워 마시고 끝까지 읽어 주옵소서. 근래에 들어 조정 대신들은 보우에 대해 불만을 터뜨리고 있사옵니다.

보우는 영의정 윤원형의 권세를 믿고 나랏일을 돌보는 대신 자기 욕심을 채우고 있사옵니다. 그런데 전하께서는 오히려 잘못을 지적하는 관리를 벌하시고 죄를 지은 보우를 보호하시니 이는 옳지 못한 일이옵니다.

전하, 신 이이 엎드려 비오니 부디 충신의 말을 귀담아들으시고, 사악한 중 보우를 처벌하시옵소서.

상소문을 읽은 명종은 비로소 잘못을 깨달았습니다.

그래서 보우를 제주도로 귀양 보냈습니다.

41

내친김에 윤원형의 잘못도 밝혀야겠다고 생각한 이이는 마음을 굳게 먹고 윤원형을 몰아내라는 상소문을 올렸습니다. 그러자 다른 신하들도 이이의 편을 들어 상소문을 올렸습니다.

명종은 그제야 신하들이 그동안 윤원형의 보복이 두려워 아무 말도 하지 못했다는 사실을 알게 되었습니다.

명종은 윤원형에게 벌을 내려야겠다고 생각했습니다. 그러나 문정왕후가 불같이 화를 내며 명종을 꾸짖었습니다.

"상감께서는 어찌하여 일개 신하의 말을 믿으시고 외삼촌을 벌주려 하십니까? 벌을 받아야 할 사람은 영의정이 아니라 죄 없는 영의정을 모함한 이이입니다. 당장 그놈을 잡아들여 목을 치세요!"

하지만 명종은 이이에게 아무런 잘못도 없다는 것을 알고 있었습니다. 그래서 문정왕후의 거센 반대를 무릅쓰고 윤원형의 벼슬을 빼앗고 대궐에서 내쫓아 버렸습니다.

"이제야 나라가 바로 서려나 보오."

"이이가 참으로 장한 일을 했소."

윤원형 때문에 벼슬길에 나가지 못하고 시골에 파묻혀 지내던 선비들은 기뻐하며 이이의 행동을 칭찬했습니다.

명종은 이이를 사간원 정언에 임명했습니다. 사간원 정언은 임금이 잘못된 행동을 했을 때 그것을 지적하고 일깨워 주는 자리입니다.

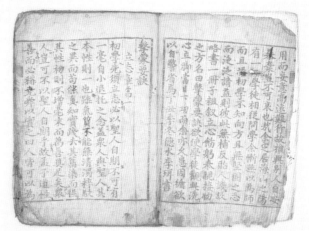

율곡집 | 이이가 지은 시집입니다.   **격몽요결** | 학문을 시작하는 이들을 위해 이이가 편찬한 책입니다.

　명종이 세상을 떠나고, 그 뒤를 이어 왕위에 오른 선조에게
도 이이는 바른말을 했습니다. 그래서 윤원형처럼 나라를 어
지럽히고 있던 심통원을 조정에서 몰아냈습니다. 선조는 이
이를 스승처럼 여기며 존중했습니다. 이이 역시 충심을 다해
선조를 모셨습니다.

　이렇게 눈치를 보지 않고 바른말을 함으로써 임금의 잘못을
일깨워 주던 이이는 뒷날 사간원에서 가장 높은 벼슬자리인
대사간에 아홉 번이나 임명되었습니다.

열린 마음

선조는 이이를 무척 아꼈습니다. 그래서 홍문관 부교리와 경연 시독관이라는 벼슬을 내렸습니다.

홍문관은 유학에 관한 책을 모아 토론하고 임금의 물음에 답하는 자문 기관이었으며, 경연 시독관은 경서를 풀이해 임금에게 강의를 하는 벼슬이었습니다.

어느 날, 경서를 풀이하는 자리에서 영의정 이준경이 말했습니다.

"요즘 기대승을 비롯해 젊은 승지(조선 시대의 벼슬 이름으로,

오늘날의 비서관과 비슷함)들이 상감마마와 정치에 관한 일을 의논한다고 하는데, 이게 될 법이나 한 소리요? 사간원이 있는데 어찌 나이 어린 승지들이 나서서 함부로 정치에 간섭을 할 수 있단 말이오?"

하지만 이이의 생각은 달랐습니다. 비록 나이가 어리더라

도 정치에 대한 올바른 견해를 가질 수 있다고 여겼습니다.
그래서 이이는 아무리 하찮은 사람의 의견일지라도 나라를
사랑하는 마음에서 나온 말이라면 귀담아들어야 한다고 말
했습니다.

그러자 영의정 편에 선 사람들이 이이를 건방지다며 공격했

습니다.

이이는 고개를 숙이며 이렇게 말했습니다.

"오해는 마십시오. 저는 다만 나라와 백성을 생각해서 말씀 드렸을 뿐입니다."

"여기 나라와 백성을 생각하지 않는 사람이 누가 있단 말이오? 부교리께서는 마치 당신 혼자만 나라와 백성을 생각하는 듯 말씀하시는구려."

그들은 비아냥거리며 이이를 몰아세웠습니다.

선조는 입을 꾹 다물고 있었습니다.

이이는 그런 임금의 태도에 크게 실망했습니다. 그래서 외할머니가 편찮으시다는 핑계를 대며 벼슬을 버리고 강릉으로 내려가려 했습니다. 이이를 시기하던 신하들이 벌 떼처럼 일어나 자기 마음대로 벼슬을 버리는 것은 옳지 않으니 벌을 주어야 한다고 했습니다. 하지만 선조는 오히려 벼슬을 높여 이이를 홍문관 교리에 임명했습니다.

"전하, 소신은 편찮으신 외할머니를 간호하면서 모자란 공

부를 더 하고 싶사옵니다. 그러니 부디 분부를 거두어 주시
옵소서."

　그러자 선조는 이이를 호당에 들게 했습니다. 호당은 나랏
일을 쉬며 집에서 공부를 계속하도록 하는 제도였습니다.

　그런 선조가 고마워 이이는 더욱 열심히 학문을 연구하면서

『동호문답』이라는 책을 썼습니다.

임금과 신하가 서로 질문과 대답을 하는 형식으로 되어 있는 이 책에서, 이이는 잘못된 정치 제도를 과감하게 바꾸어야 한다고 주장했습니다.

선조는 이이의 주장이 옳다는 것을 알았습니다. 하지만 실

행에 옮기지는 못했습니다. 오랜 세월에 걸쳐 굳어진 나쁜 제
도를 뜯어고칠 만한 힘이 선조에게는 없었던 것입니다.

이이는 선조가 답답해 보였습니다.

그 무렵 외할머니가 편찮으시다는 연락을 받았습니다. 이이
는 부랴부랴 말을 달려 강릉으로 갔습니다. 그러나 외할머니

는 이미 숨을 거둔 뒤였습니다. 이이는 몹시 슬펐습니다. 사랑하는 외할머니를 잃은데다가 자신의 뜻마저 펼칠 수 없자, 이이의 마음은 더욱 울적해졌습니다.

결국 이이는 벼슬을 버리고 황해도 해주로 갔습니다. 그런데 이듬해 6월에 선조는 이이를 청주 목사로 임명했습니다.

청주로 내려간 이이는 향약(조선 시대에 권선징악과 상부상조를 목적으로 만든 시골 마을의 규칙)을 만들었습니다. 그리고 열 가지 도덕 덕목을 정해 백성들이 스스로 지킬 수 있도록 했습니다. 마을이 점점 살기 좋아지면서 인구도 늘어났습니다.

하지만 백성들을 위해 잠시도 쉬지 못하고 일하는 동안 이이는 병이 들고 말았습니다.

이이는 임금에게 사직서를 냈습니다. 선조는 이이의 뜻을 받아들여 주었습니다. 이이는 자신의 뜻을 받아들여 준 임금에게 감사하는 뜻으로「감군은사절」이라는 시를 지었습니다.

한 달도 지나지 않아 선조는 다시 이이를 불렀습니다. 여전히 몸이 아프다며 벼슬자리를 사양했지만, 선조는 이이의 말

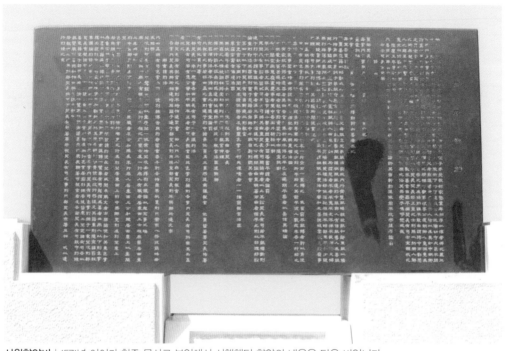

서원향약비 | 1571년 이이가 청주 목사로 부임해서 시행했던 향약의 내용을 담은 비입니다.

을 들어주지 않았습니다.

　우부승지가 된 이이는 백성들을 위해 끝까지 좋은 정치를 해야 한다는 내용을 담아 쓴 책『만언봉사』를 선조에게 올렸습니다.『만언봉사』는 그 당시 조정에서 이루어지는 잘못된 점을 일곱 가지로 나누어 정리한 책입니다.

　『만언봉사』를 읽은 선조는 무척 기뻐하며 모든 신하들에게 이 책을 본보기로 삼아 나랏일을 살피라는 명령을 내렸습니다.

10만 군사를 키워야 하옵니다!

선조가 이처럼 이이를 아끼자, 신하들 가운데 시기하는 사람들이 늘어났습니다. 그들은 말도 안 되는 트집을 잡으며 이이를 벼슬자리에서 내쫓아야 한다고 말했습니다. 그러자 이이를 두둔하는 신하들이 나서서, 오히려 그들에게 벌을 주어야 한다고 주장하기도 했습니다.

이이는 나랏일도 제대로 못하면서 패거리를 이루어 싸움만 일삼는 사람들이 보기 싫었습니다. 다시 몸이 아프다는 핑계를 대고 해주에 있는 석담으로 갔습니다. 경치가 아주 좋은 지

방이었습니다.

　이이는 그곳에 집을 짓고 제자들을 가르치는 한편, 『격몽요결』이라는 책을 썼습니다. 제자들과 백성들을 가르치기 위해 지은 것으로, 인조 임금 때 이르러 향교의 교과서로 쓰이게 되었습니다.

　「고산구곡가」라는 시조도 지었습니다.

　그러면서 대장간을 열어 손수 호미와 낫, 괭이 같은 농기구를 만들었습니다.

　"아니, 황해도 관찰사까지 지낸 양반이 대장장이 일을 한단 말인가?"

　백성들은 믿을 수 없다는 듯 수군거렸습니다.

　또 선비들은 이이가 양반의 체면을 모두 깎아내린다며 못마땅해했습니다. 그러나 이이는 사람들의 수군거림에 전혀 신경 쓰지 않고 열심히 일했습니다.

　'가족이 모두 100명이나 되는데 가만히 앉아서 굶어 죽을 수는 없다. 제아무리 양반이라도 일을 해야 한다.'

그러면서도 시간이 날 때면 마을을 한 바퀴씩 돌며 백성들의 말에 귀를 기울였습니다. 그러다 보니 자연스럽게 백성들이 어떤 어려움을 겪고 있는지 알 수 있었습니다.

이이는 사창(조선 시대에, 각 고을의 환곡을 저장해 두던 곳)을 열어 백성들에게 이자를 받지 않고 쌀을 빌려 주었습니다. 덕분에 해주 고을 백성들의 형편이 한결 나아졌습니다. 그들은 모

두 이이를 존경했습니다.

   그렇게 바쁜 나날을 보내고 있던 어느 날, 선조가 편지를 보내 왔습니다.

   그대를 떠나보내고 난 뒤의 허전함을 견디지 못해 그만 병이 나고 말았다오. 그러니 속히 한양으로 올라와 짐을 위로해 주기 바라오.

   편지를 읽고 마음이 약해진 이이는 한양으로 올라가 임금을 모셨습니다. 선조는 이이를 호조 판서에 임명했습니다. 호조는 나라의 재정을 담당하는 관청으로, 백성들로부터 세금을 거두어들이고 나라의 경비를 관리하는 부서였습니다.

   "전하, 신에게는 이런 중책을 맡을 능력이 없사옵니다."

   "그런 소리 마시오. 그대만큼 능력 있는 사람이 어디 있단 말이오. 지금 나라의 재정이 몹시 어려우니 그대가 호조를 맡아 나라의 살림을 튼튼하게 만들어 주시오."

선조는 이이의 손을 꼭 잡고 부탁했습니다.

이이는 도저히 거절할 수가 없었습니다.

호조 판서를 맡게 된 이이는 어떻게 하면 나라의 살림살이를 불릴 수 있을지 고민했습니다. 그러면서 또 한편으로는 백성들이 좀 더 쉽게 농사를 지을 수 있도록 해 주어야겠다고 마음먹고, 새로운 농기구를 만들었습니다.

선조는 그런 이이에게 홍문관 대제학을 맡겼습니다. 이이는 더욱 바빠졌습니다. 나라의 살림살이를 맡아 보랴, 학문을 연구하랴, 임금을 가르치랴 눈코 뜰 새가 없었습니다. 그런 와중에도 이이는 선조를 위해 『경연일기』라는 책을 썼습니다. 정치를 하는 데 도움이 될 만한 내용을 담은 것이었습니다.

그 이후 선조는 이이를 이조 판서(이조는 주로 관리의 임명을 맡아 보던 관청이며, 이조 판서는 그 중 가장 높은 벼슬)에 임명했습니다. 나라의 관리를 뽑는 중요한 책임을 맡긴 것이지요. 이이는 어질고 능력이 있는 선비들을 뽑아 관리로 삼았습니다.

얼마 지나지 않는데, 선조는 이이에게 형조 판서(주로 법률에 관계되는 일을 맡아 보던 관청의 관리 중에서 가장 높은 벼슬) 자리를 내렸습니다. 이렇게 해서 이이는 나라의 주요 직책을 두루 거쳤습니다.

그 무렵 북쪽의 여진족이 국경을 침범했다는 보고가 들어왔습니다. 선조는 이이에게 병조 판서(군사와 국방에 관한 일을 총괄하는 관청의 관리 중에서 가장 높은 벼슬)까지 맡겼습니다.

이이는 문관인 자신이 무관의 일을 제대로 해낼 수가 없다며 한사코 사양을 했지만, 선조는 이이의 말을 들어주지 않았습니다.

병조 판서가 된 이이는 무기 창고로 가 보았습니다. 창고에는 녹슬고 망가진 무기들이 엉망으로 널브러져 있었습니다.

'이래서야 어디 외적의 침입을 막아 낼 수 있겠나!'

이이는 당장 녹이 슬고 부서진 무기들을 꺼내 손질하라고 지시했습니다. 그리고 지혜를 모아 북쪽의 여진족을 물리쳤습니다. 이 소식을 들은 선조는 몹시 기뻐하며 이이를 칭찬했습니다. 하지만 이이는 기쁨보다 걱정이 앞섰습니다. 병조 판서

가 되어 꼼꼼하게 나랏일을 챙기다 보니 조선의 군사력이 주변 나라들에 비해 턱없이 약하다는 것을 알게 되었거든요.

'만약 왜와 여진족이 군사를 일으켜 쳐들어온다면 우리는 저들을 막아 내지 못할 것이다. 하루빨리 나라의 힘을 키워야 한다.'

이렇게 생각한 이이는 1583년 2월, 나라의 힘을 키울 수 있는 여섯 가지 방법을 적어 선조에게 올렸습니다. 이것이 바로 「시무 6조」로, 내용은 다음과 같습니다.

첫째, 어질고 능력 있는 선비를 뽑아 관리로 삼을 것.

둘째, 군사력을 키울 것.

셋째, 나라의 재정을 풍부하게 할 것.

넷째, 외적의 침입에 대비해 국경을 튼튼히 지킬 것.

다섯째, 전쟁에 쓸 말을 키울 것.

여섯째, 백성들을 가르쳐서 사람의 도리를 깨닫게 할 것.

하지만 이 글을 본 관리들은 시큰둥한 반응을 보였습니다. 답답해진 이이는 그 해 4월, 선조 임금을 만났습니다.

"전하, 외침에 대비하여 10만 군사를 키워야 하옵니다. 국방이 튼튼해야 외적이 넘보지 않을 것이옵니다!"

하지만 그와 생각을 달리하는 신하들이 반대하고 나서며 되레 이이를 모함했습니다.

"전하, 당치 않은 주장이옵니다. 평지풍파를 일으켜 백성들과 조정을 불안하게 만드는 이이를 내쫓는 것이 마땅한 줄 아뢰오!"

'장차 나라의 일이 걱정이나, 저들의 생각을 바꿀 수가 없으니 안타까울 뿐이로다!'

이이는 사직서를 내고 벼슬자리에서 물러났습니다.

선조가 다시 불렀지만, 병들어 자리에 누운 이이는 임금 앞에 나아갈 수 없었습니다.

그러면서도 이이는 자나깨나 나라 걱정을 했습니다. 죽기 하루 전날에도 친구인 정철에게 나라를 망치는 당파 싸움을 막고, 나라의 힘을 강하게 키워야 한다고 말했습니다.

이이가 죽고 8년 뒤인 1592년, 일본이 쳐들어와 임진왜란이

오죽헌 문성사 | 이이의 영정이 모셔져 있는 사당입니다.

일어났습니다.

"이이의 말을 들었어야 했는데……."

이이의 주장에 맞섰던 신하들은 땅을 치고 후회했지만 이미 때는 늦고 말았습니다.

선조는 이이의 공을 기려 '문성공'이라는 시호(죽은 뒤 그 공덕을 칭송해 붙이는 이름)를 내리고, 전국에 있는 20여 개의 서원에서 제사를 지내게 했습니다.

이이의 삶

연 대	발 자 취
1536년(1세)	강릉 오죽헌에서 이원수와 신사임당의 셋째 아들로 태어나다(어린 시절 이름은 현룡).
1545년(10세)	「경포대부」를 짓다.
1548년(13세)	진사 초시에 장원으로 합격하다.
1551년(16세)	어머니가 세상을 떠나다.
1554년(19세)	금강산으로 들어가 불경을 공부하다.
1555년(20세)	「자경문」을 짓다.
1557년(22세)	성주 목사 노경린의 딸과 혼인하다.
1564년(29세)	사마시, 문과 초시, 복시에 장원 급제하고 벼슬길에 나가 호조 좌랑이 되다.
1568년(33세)	서장관으로 명나라에 다녀오다. 이조 좌랑이 되다.
1569년(34세)	홍문관 교리가 되다. 『동호문답』을 짓다.
1571년(36세)	청주 목사가 되다. 백성들을 위해 향약을 실시하다.
1574년(39세)	황해도 관찰사, 우부승지가 되다. 『만언봉사』를 짓다.
1577년(42세)	『격몽요결』을 짓다.
1583년(48세)	선조에게 '시무 6조'를 올리다. 10만 양병설을 주장했으나 받아들여지지 않다. 벼슬에서 물러났다가, 판돈령 부사를 거쳐 이조 판서가 되다.
1584년(49세)	병으로 세상을 떠나, 파주 자운산 선영에 묻히다.

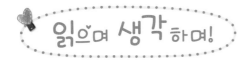

읽으며 생각하며!

1. 이이의 어머니는 누구인가요?

2. 다음 보기 글로 미루어, 이이가 지은 시의 글감은 무엇일까요?

어느 날, 이이는 외할머니를 위해 시를 한 수 지었습니다.

홍피낭리 쇄홍주

"아가, 그게 무슨 뜻이냐?"
외할머니가 묻자 이이는 '붉은 주머니에 붉은 구슬이 부서져 있다는 뜻이에요.'라고 대답했습니다.
"붉은 구슬이라니, 어디에 붉은 구슬이 있다는 게냐?"
외할머니는 놀라움을 감추며 물었습니다.

3. 어머니가 세상을 떠나자, 이이는 3년 동안 시묘를 살면서 어머니를 그리는 마음을 글로 적었습니다. 이 글의 제목은 무엇인가요?

4. 다음 보기 글을 읽어 보면 영의정 이준경과 이이는 서로 다른 생각을 갖고 있음을 알 수 있습니다. 어느 쪽 의견에 동의하는지 적고, 그렇게 생각하는 까닭을 말해 보세요.

> 어느 날, 경서를 풀이하는 자리에서 영의정 이준경이 말했습니다.
> "요즘 기대승을 비롯해 젊은 승지(조선 시대의 벼슬 이름으로, 오늘날의 비서관과 비슷함)들이 상감마마와 정치에 관한 일을 의논한다고 하는데, 이게 될 법이나 한 소리요? 사간원이 있는데 어찌 나이 어린 승지들이 나서서 함부로 정치에 간섭을 할 수 있단 말이오?"
> 하지만 이이의 생각은 달랐습니다. 비록 나이가 어리더라도 정치에 대한 올바른 견해를 가질 수 있다고 여겼습니다. 그래서 이이는, 아무리 하찮은 사람의 의견일지라도 나라를 사랑하는 마음에서 나온 말이라면 귀담아들어야 한다고 말했습니다.

5. 다음 보기 글을 읽고, '체면'에 대한 자신의 생각을, 실제 겪은 일을 바탕으로 말해 보세요.

"아니, 황해도 관찰사까지 지낸 양반이 대장장이 일을 한단 말인가?"

백성들은 믿을 수 없다는 듯 수군거렸습니다.

또 선비들은 이이가 양반의 체면을 모두 깎아내린다며 못마땅해했습니다. 그러나 이이는 사람들의 수군거림에 전혀 신경 쓰지 않고 열심히 일했습니다.

6. 이이가 10만 군사를 키워야 한다고 주장한 이유는 무엇인가요? 또 그의 의견이 받아들여지지 않아 벌어진 사건에서 깨달은 바를 말해 보세요.

풀이

1. 신사임당

2. 석류

3. 「신사임당 행장기」

4. 예시 : 양쪽 의견 모두 타당한 데가 있다고 생각한다. 좋은 의견을 내놓는 것
   은 나이나 신분의 높고 낮음과 상관없다는 이이의 말은 옳다. 그러나 다른 부
   서의 일까지 지나치게 간섭하는 것은 바람직하지 않다고 본다. 조직의 질서
   와 규칙 등이 무너져 버릴 수 있기 때문에, 적합한 절차와 방법을 통해 자신
   의 의견을 펼치는 것이 좋다고 생각한다.

5. 예시 : 저녁 식사 모임에 다녀온 아버지가 밥을 차려 달라고 하신 적이 있다.
   어려운 자리라서 체면을 지키느라 변변히 드시지 못했기 때문이라고 하셨다.
   예로부터 체면은 퍽 중요한 덕목으로 여겨져 왔지만, 오늘날 필요 이상으로
   체면에 매이는 것은 바람직하지 않은 일이라고 생각한다. 당시에는 양반이
   하지 않았던 대장장이 일을 몸소 해 보인 이이의 태도는 존경할 만한 것이라
   고 생각한다.

6. 예시 : 이이는 혹시 있을지 모를 외적의 침입에 대비해 10만의 군사를 길러
   국방을 튼튼히 해야 한다고 주장했다. 하지만 받아들여지지 않았고, 이이가
   10만 양병설을 주장한 지 8년 만에 임진왜란이 일어났다. 이 일을 통해, 지금
   당장은 아니더라도 멀리 보고 내일을 준비하는 것이 얼마나 중요한지 알게
   되었다. '유비무환'이라는 말처럼 미리미리 대비해 나간다면 어떤 일이 닥치
   더라도 당황하지 않고 침착하게 대응할 수 있을 것이다.

역사 속에 숨은 위인을 만나 보세요!

한국사 위인 및 사건

- 광개토태왕 (374~412)
- 연개소문 (?~666)
- 을지문덕 (?~?)
- 김유신 (595~673)
- 장보고 (?~846)
- 최무선 (1328~1395)
- 황희 (1363~1452)
- 세종대왕 (1397~1450)
- 장영실 (?~?)
- 신사임당 (1504~1551)
- 이이 (1536~1584)
- 허준 (1539~1615)
- 유성룡 (1542~1607)
- 한석봉 (1543~1605)
- 이순신 (1545~1598)
- 오성과 한음 (오성 1556~1618 / 한음 1561~1613)
- 대조영 (?~719)
- 왕건 (877~943)
- 강감찬 (948~1031)

- 고구려 살수 대첩 (612)
- 신라 삼국 통일 (676)
- 견훤 후백제 건국 (900)
- 궁예 후고구려 건국 (901)
- 고려 강화로 도읍 옮김 (1232)
- 개경 환도, 삼별초 대몽 항쟁 (1270)
- 문익점 원에서 목화씨 가져옴 (1363)
- 최무선 화약 만듦 (1377)
- 조선 건국 (1392)
- 허준 동의보감 완성 (1610)
- 병자호란 (1636)
- 상평통보 전국 유통 (1678)

- 고조선 건국 (B.C. 2333)
- 철기 문화 보급 (B.C. 300년경)
- 고조선 멸망 (B.C. 108)
- 고구려 불교 전래 (372)
- 신라 불교 공인 (527)
- 대조영 발해 건국 (698)
- 장보고 청해진 설치 (828)
- 왕건 고려 건국 (918)
- 귀주 대첩 (1019)
- 윤관 여진 정벌 (1107)
- 훈민정음 창제 (1443)
- 임진왜란 (1592~1598)
- 한산도 대첩 (1592)

| B.C. 선사 시대 및 연맹 왕국 시대 | A.D. 삼국 시대 | 698 남북국 시대 | 918 고려 시대 | 1392 |

| B.C. | 2000 | 500 | 400 | 300 | 100 | 0 | 300 | 500 | 600 | 800 | 900 | 1000 | 1100 | 1200 | 1300 | 1400 | 1500 | 1600 |

| B.C. 고대 사회 | A.D. 375 중세 사회 | 1400 |

세계사

- 중국 황하 문명 시작 (B.C. 2500년경)
- 인도 석가모니 탄생 (B.C. 563년경)
- 알렉산더 대왕 동방 원정 (B.C. 334)
- 크리스트교 공인 (313)
- 게르만 민족 대이동 시작 (375)
- 로마 제국 동서로 분열 (395)
- 수나라 중국 통일 (589)
- 이슬람교 창시 (610)
- 수 멸망 당나라 건국 (618)
- 러시아 건국 (862)
- 거란 건국 (918)
- 송 태종 중국 통일 (979)
- 제1차 십자군 원정 (1096)
- 테무친 몽골 통일 칭기즈 칸이 됨 (1206)
- 원 제국 성립 (1271)
- 원 멸망 명 건국 (1368)
- 잔 다르크 영국군 격파 (1429)
- 구텐베르크 금속 활자 발명 (1450)
- 코페르니쿠스 지동설 주장 (1543)
- 도요토미 히데요시 일본 통일 (1590)
- 독일 30년 전쟁 (1618)
- 영국 청교도 혁명 (1642~1649)
- 뉴턴 만유인력의 법칙 발견 (1665)

- 석가모니 (B.C. 563?~B.C. 483?)
- 예수 (B.C. 4?~A.D. 30)
- 칭기즈 칸 (1162~1227)

주시경
(1876~1914)

김구
(1876~1949)

안창호
(1878~1938)

안중근
(1879~1910)

정약용
(1762~1836)

김정호
(?~?)

우장춘
(1898~1959)

유관순
(1902~1920)

방정환
(1899~1931)

윤봉길
(1908~1932)

이중섭
(1916~1956)

백남준
(1932~2006)

이태석
(1962~2010)

최제우
동학
창시
(1860)

강화도
조약
체결
(1876)

동학
농민
운동,
갑오
개혁
(1894)

을사
조약
(1905)

8·15
광복
(1945)

6·29
민주화
선언
(1987)

이승훈
천주교
전도
(1784)

김정호
대동여
지도
제작
(1861)

지석영
종두법
전래
(1879)

갑신
정변
(1884)

대한
제국
성립
(1897)

헤이그
특사
파견,
고종
퇴위
(1907)

한일
강제
합방
(1910)

3·1
운동
(1919)

어린이날
제정
(1922)

윤봉길·
이봉창
의거
(1932)

대한
민국
정부
수립
(1948)

6·25
전쟁
(1950~1953)

10·26
사태
(1979)

서울
올림픽
개최
(1988)

북한
김일성
사망
(1994)

의약
분업
실시
(2000)

조선 시대			1876 개화기	1897 대한 제국	1910 일제 강점기	1948 대한민국			

1700	1800	1850	1860	1870	1880	1890	1900	1910	1920	1930	1940	1950	1970	1980	1990	2000

근대 사회		1900 현대 사회

미국
독립
선언
(1776)

프랑스
대혁명
(1789)

청·영국
아편
전쟁
(1840~1842)

미국
남북
전쟁
(1861~1865)

베를린
회의
(1878)

청·
프랑스
전쟁
(1884~1885)

청·일
전쟁
(1894~1895)

헤이그
평화
회의
(1899)

영·일
동맹
(1902)

러·일
전쟁
(1904~1905)

제1차
세계
대전
(1914~1918)

러시아
혁명
(1917)

세계
경제
대공황
시작
(1929)

제2차
세계
대전
(1939~1945)

태평양
전쟁
(1941~1945)

국제
연합
성립
(1945)

소련
최초
인공위성
발사
(1957)

소련
아프가니
스탄
침공
(1979)

제4차
중동
전쟁
(1973)

미국
우주
왕복선
콜럼비아
호 발사
(1981)

독일
통일
(1990)

유럽
11개국
단일
통화
유로화
채택
(1998)

미국
9·11
테러
(2001)

워싱턴
(1732~1799)

페스탈
로치
(1746~1827)

모차
르트
(1756~1791)

나폴
레옹
(1769~1821)

링컨
(1809~1865)

나이팅
게일
(1820~1910)

파브르
(1823~1915)

노벨
(1833~1896)

에디슨
(1847~1931)

가우디
(1852~1926)

라이트
형제
(형, 윌버
1867~1912 /
동생, 오빌
1871~1948)

마리
퀴리
(1867~1934)

간디
(1869~1948)

아문센
(1872~1928)

슈바이처
(1875~1965)

아인슈
타인
(1879~1955)

헬렌
켈러
(1880~1968)

만델라
(1918~2013)

테레사
(1910~1997)

마틴
루서 킹
(1929~1968)

스티븐
호킹
(1942~2018)

오프라
윈프리
(1954~)

스티브
잡스
(1955~2011)

빌
게이츠
(1955~)

2022년 3월 25일 2판 4쇄 **펴냄**
2014년 2월 25일 2판 1쇄 **펴냄**
2008년 5월 10일 1판 1쇄 **펴냄**

펴낸곳 (주)효리원
펴낸이 윤종근
글쓴이 이지현 · **그린이** 장인한
사진 제공 중앙포토
등록 1990년 12월 20일 · **번호** 2-1108
우편 번호 03147
주소 서울시 종로구 삼일대로 457, 406호
전화 02)3675-5222 · **팩스** 02)765-5222

이메일 hyoreewon@hyoreewon.com
홈페이지 www.hyoreewon.com